On the sunny side of life –

Die Sunrise-Girls Story

Bibliografische Information der Deutschen Nationalbibliothek: Die Deutsche Nationalbibliothek verzeichnet diese Publikation in der Deutschen Nationalbibliografie; detaillierte bibliografische Daten sind im Internet über http://dnb.dnb.de abrufbar.

Lektorat: Astrid Pfister
Weitere Mitwirkende: Sunrise Ruhr e.V.

Verlag: BoD · Books on Demand GmbH, In de Tarpen 42, 22848 Norderstedt

Druck: Libri Plureos GmbH, Friedensallee 273, 22763 Hamburg

ISBN: 978-3-7693-0755-9

Wer sind die Sunrise-Girls?

Die Entstehungsgeschichte der Mädchenband

Im Februar 2019 gründete der Verein Sunrise-Ruhr e.V aus Herne eine Mädchenband, damals bestehend aus sechs Mädchen zwischen 10 und 15 Jahren. Von den jetzigen Sunrise-Girls war zu diesem Zeitpunkt nur Sarah dabei, die damals 15 Jahre alt war.

Man begann zu proben und studierte erste Gesänge und Tänze ein. Einen ersten gemeinsamen Auftritt gab es dann bereits im Sommer 2019.

Als die Gruppe in der Zeit danach ihr Programm für 2020 vorbereitete, machte Corona und der damit verbundene Lockdown den sechs Mädchen leider einen Strich durch die Rechnung. Sämtliche Proben fielen über fast ein komplettes Jahr lang aus, und die geplanten Auftritte mussten allesamt abgesagt werden.

Nachdem die längere Pause durch Lockdown und Corona endlich vorbei war, ging es dann in veränderter Besetzung weiter. Drei Mädchen verließen die Band, und Lina, Maria und Melisa kamen hinzu.

Anfang 2024 gab es weitere Veränderungen als erneut zwei Mädchen ausschieden, und somit zunächst Nele, und dann Beverly dazukamen.

Soziale Medien - wie alles angefangen hat

Die ersten Videos bei TikTok

Den eigentlichen Tiktok Kanal (sunrisekids1) vom Verein, gab es schon länger. Dort wurden von den im Verein angemeldeten Kids, hin und wieder mal Videos veröffentlicht. Dass die Sunrise-Girls diesen Account übernommen haben, natürlich auch weiterhin unter der Leitung des Vereins, war dann im Oktober des letzten Jahres, also 2023. Die Girls hatten einige kritische Videos zum Thema Gendern, vegane Ernährung oder den Ukraine-Russland-Krieg gepostet. Das Problem war nur, dass sich kaum Leute dafür interessierten. Die Kommentare zeigten, dass von vielen die Ironie der Videos nicht verstanden wurde, und leider auch TikTok das ein oder andere Video gelöscht hatte. Also beschlossen die Sunrise-Girls irgendwann, erst mal Videos ohne tieferen Sinn zu posten, und stattdessen den Spaß und die Selbstironie in den Vordergrund zu stellen.

Die ersten Videos ohne tiefere Bedeutung brachten dann tatsächlich auch die ersten großen Erfolge

Ein Video aufgenommen in Duisburg, in dem die Sunrise-Girls fragten, welches Getränk wohl besser schmeckt, brachte ihnen dann plötzlich über 1,5 Millionen Aufrufe, dazu Tausende Kommentare, sowie Likes ohne Ende. Zugegeben, die allermeisten Kommentare waren lustiger als das

Video selbst, trotzdem war das für die Girls ein erster gro-
ßer Meilenstein.

Irgendwann kam der Vereinsleiter auf die (absolut geniale)
Idee, in einem Bekleidungsgeschäft die ersten ABCD-Videos
zu drehen, und diese sind dann wirklich absolut durchge-
startet. Aktuell hat eines der ersten Videos dieser Art 5,1
Millionen Aufrufe erreicht. Viele weitere dieser Videos sind
ebenfalls in die Millionen hochgegangen und werden immer
noch angeschaut und geliked.

Natürlich haben die Sunrise-Girls zu dieser Zeit noch nicht
geahnt, dass es mal einen solchen Hype um sie und ihre Videos geben würde. ABCD-Videos gab es danach zum Thema
Haare, Outfits, Getränke, Süßigkeiten usw. Und fast jedes
dieser Videos wurde ein voller Erfolg. Mittlerweile über-
schreitet wirklich jedes einzelne Video von ihnen bei TikTok
die Marke von 100.000 Aufrufen innerhalb kürzester Zeit,
oft sind aber auch Videos dabei die weit über 500.000 oder
sogar eine Million Aufrufe erzielen. Einzelne Videos haben
sogar die 5 Millionen-Marke geknackt.
Die Zahl ihrer Follower hat sich von Januar 2024 bis heute

fast vervierfacht und liegt aktuell bei über 60.000, Tendenz klar steigend.

Ein weiterer Schritt ging zu Instagram

Durch die Erfolge bei Tiktok haben die Sunrise-Girls dann auch bei Instagram einen eigenen vom Verein geführten Account erstellt. Dort gibt es zwar nur einen Teil ihrer Videos, dafür aber immer wieder aktuelle Fotos über ihre Aktionen und Projekte. Auch bei Instagram gibt es Videos, die Aufrufe in Millionenhöhe haben, die Followerzahl steigt dort allerdings etwas langsamer an, und liegt aktuell bei über 5000. Aber auch dort geht die Tendenz und Entwicklung ganz klar nach oben. Auch bei Youtube sind sie vertreten, mit aktuell über tausend Abonnenten.

Sunrise-Kids, Sunrise-Girls oder Sunny Sunshine - was ist richtig?

Viele von euch fragen bei TikTok immer wieder, wie die Gruppe nun genau heißt, denn es gibt ja verschiedene Namen wie Sunrise-Kids, Sunrise-Girls, aber eben auch Sunny

Sunshine. Aber der Reihe nach.

<u>Sunrise-Kids:</u> Das ist der allgemeine Name der in dem Verein angemeldeten Kinder und Jugendlichen. Es gibt momentan insgesamt fünfunddreißig Sunrise-Kids zwischen sechs und siebzehn Jahren, die regelmäßig an den Aktionen des Vereins teilnehmen.

<u>Sunrise-Girls:</u> Das sind in der Tat die Mädchen von den Videos bei Tiktok und Instagram. Anfangs waren es Lina (A), Zarah (B), Maria (C), Melisa (D), Sarah (E) und Lara (F). Da Zarah irgendwann ausgestiegen ist, wurde sie durch Nele, als neuer Buchstabe B ersetzt.
Als Lara nicht mehr dabei war, kam stattdessen Beverly als neuer Buchstabe F dazu. Diese sechs sind und bleiben in dieser Form aber jetzt ganz sicher fest zusammen.

<u>Sunny Sunshine:</u> Es gibt die Mädchenband Sunny Sunshine, ebenfalls ein Projekt des Vereins Sunrise-Ruhr e.V. Dort waren einige von den sechs Mädchen Mitglied. Anfang des Jahres wurde es aber vom Verein so geplant, dass die Sunrise-Girls, auch gleichzeitig die Mitglieder der Mädchenband Sunny Sunshine sind. Sie haben schon einige Sing- und Tanzauftritte hinter sich, und viele weitere Auftritte sind noch in diesem Sommer dazu gekommen. Zwischen Mai und August 2024 standen die sechs Mädchen auf insgesamt fünfzehn verschiedenen Bühnen und sind dort aufgetreten. Auch viele Videos dieser Auftritte könnt ihr online finden.

Das heißt, dass letztendlich alle drei Namen irgendwie richtig sind. *Sunrise-Kids*, als Mitglieder des Vereins, *Sunrise-Girls* aus der Tiktok-, Instagram-, und Youtube-Gruppe, und *Sunny Sunshine* als Mädchenband, die regelmäßig ihre Auftritte absolviert.

Die Sunrise-Girls Challenges

Immer wieder fahren die Mädchen in andere Städte und führen dort verschiedene, möglichst verrückte Aufgaben und Challenges durch.

Mitten auf dem Marktplatz in Venlo auf den Boden legen, barfuß durch die Innenstadt von Krefeld laufen, einen Kopfstand vor dem Kölner Dom und viele weitere Herausforderungen, haben sie in der Vergangenheit bereits gemeistert.

Auch für die Zukunft sind weitere Challenges geplant, wobei alte Herausforderungen, mit komplett neuen Aufgaben vermischt werden.
Ihr dürft also gespannt sein, was noch auf euch zukommt. Und immer wieder werden die sechs Mädchen euch natürlich auch um Vorschläge und Ideen bitten.

Ich kann nur schon so viel verraten, sie planen noch eine ganze Menge geniale Aktionen, von denen sie selbst noch nicht wissen, ob sie sich das auch wirklich trauen werden.

So ist zum Beispiel geplant, komplett angezogen ins Wasser zu springen, oder waghalsige Mutproben durchzuführen.

Vorstellung der Sunrise-Girls

Auf den folgenden Seiten findet ihr nun einen Lebenslauf/Steckbrief mit allen möglichen Infos über jedes einzelne Sunrise-Girl.

Sunrise Girl A:
Lina

Lina ist dreizehn Jahre alt, wohnt in Herne und hat zwei Brüder und eine Schwester. Zurzeit besucht sie die 8. Klasse einer Realschule. Ihr Ziel nach der Realschule ist es, eine Ausbildung zur Erzieherin zu machen. Allerdings möchte sie, wenn sie die Ausbildung fertig hat, nicht in einer Kita arbeiten, sondern in der Kinder- und Jugendhilfe.

Ihre Hobbys sind Singen, Tanzen, Schminken, Shoppen und natürlich den VFL Bochum 1848 anfeuern.

Das macht sie meist mit ihrer Mutter zusammen im

Stadion. Sie ist sehr hilfsbereit, was eine große Stärke von ihr ist.

In ihrer Freizeit unternimmt sie gerne etwas mit ihren Freunden, egal ob sie zusammen shoppen gehen, sich Nägel machen lassen oder einfach nur ein bisschen zusammen chillen. Sie geht gerne auch mal ins Kino, aber nur wenn gute Filme laufen.

Den Moviepark in Bottrop besucht sie auch gerne, gerade zu Halloween, wenn das Festival stattfindet.

Nele ist dreizehn Jahre alt und wohnt mit ihrer Mutter Marie und mit ihren drei jüngeren Geschwistern Alia (9), Leon (7), Noel (7) und ihrem Hund Railey in Herne. Sie hat am 16. Mai Geburtstag und ist vom Sternzeichen Stier. Sie geht in die 8. Klasse der Realschule in Herne. Ihre Lieblingsfächer sind Sport und Mathematik.

In ihrer Freizeit geht sie gern in die Eisdisco und trifft sich mit Freunden zum Chillen, TikToks machen oder Schminken. Außerdem ist sie sehr sportlich, turnt und tanzt sehr gerne. Ihre Sunrise Treffen dürfen natürlich auch nicht fehlen.

Nele ist ein sehr nettes und humorvolles Mädchen, welches viele Freunde hat, mit denen sie zusammen Quatsch machen kann. Mit ihr wird es nie langweilig. Wie Teenager so sind, ist Nele auch gerne mal launisch und chaotisch, sie kann aber auch sehr hilfsbereit und fleißig sein.

<u>Sunrise Girl C</u>
<u>Maria</u>

Maria ist dreizehn Jahre alt, wohnt in Bochum und hat einen Bruder, eine Schwester und eine Halb-schwester.

Momentan besucht sie die 7. Klasse einer Gesamt-schule in Bochum-Langendreer.

Nach der Schule möchte Maria eine Ausbildung als Kosmetikerin machen.

Ihre Hobbys sind: Malen, Zeichnen, sich mit Tieren beschäftigen, Singen, Kochen und Shoppen.

Ihre Freizeit verbringt sich mit ihrer Familie und Freunden.

Sunrise Girl D
Melisa

Melisa ist dreizehn Jahre alt und wohnt in Herne. Sie ist im April 2011 geboren, polnischer Abstammung, lebt aber ihr ganzes Leben lang schon in Deutschland. Sie hat zwei jüngere Geschwister. Melisa geht in die achte Klasse einer Gesamtschule in Herne. Ihre Lieblingsfächer in der Schule sind Latein und Englisch, da sie Spaß daran hat neue Sprachen zu lernen.

Melisas Hobbys sind Tanzen, Keyboard spielen und

Musik hören.

Sie liebt es bei den Sunrise Girls dabei zu sein, da sie dadurch gute Freundinnen gefunden hat, und sowohl ihrer Leidenschaft Musik zu machen nachgehen kann als auch viele neue Städte kennenlernt. Melisa ist sehr zuverlässig und wirkt zuerst schüchtern, aber wenn man sie erst richtig kennenlernt, merkt man, dass sie es gar nicht ist.

<u>Sunrise Ruhr E</u>
<u>Sarah</u>

Sarah ist einundzwanzig Jahre alt und somit die Älteste der Gruppe. Sie lebt in Herne und arbeitet im Einzelhandel.

Ihre Hobbys sind Musikinstrumente spielen und Serien schauen. Gaming gehört ebenfalls zu ihren Hobbys.

Sie hat einen älteren Bruder und außerdem noch zwei Wellensittiche, zudem auch zwei Hasen.

Zu ihren Leidenschaften zählen auch lesen und sich

um Tiere kümmern.

Sie war eine der Ersten im Verein und ist quasi dort groß geworden. Daher hat sie schon an zahlreichen Aktivitäten im Verein teilgenommen.

Beverly ist vierzehn Jahre alt und wohnt mit ihren Eltern Jacqueline und Alexander, ihrem Hund Luna und ihrem Vogel Hugo in Herne. Geschwister hat sie keine. Ihr Sternzeichen ist Steinbock und sie hat im Januar Geburtstag.

Beverly geht in die 9. Klasse einer Realschule in Herne, dort sind Sport und Religion ihre liebsten Fächer. In ihrer Freizeit trifft sie sich mit ihren Freunden zum Shoppen, Chillen und Spaß haben.

Außerdem spielt Beverly seit vier Jahren in der Abwehr beim Fußballverein SV Blau Weiss Börnig mit der Rückennummer 5.
Ihre liebsten Hobbys sind Singen, Tanzen, Fussballspielen, Freunde treffen und natürlich die Sunrise Girls. Beverly ist sehr hilfsbereit, freundlich und hat viel Humor. Damit zaubert sie vielen Menschen ein Lächeln ins Gesicht.

<u>Sunrise Girl K</u>
<u>Bunny</u>

Bunny ist dreizehn Jahre alt und das neueste Mitglied der Gruppe. Sie lebt mit ihren Herrchen in
Herne.

Ihre Hobbys sind Schlafen und Essen. Die Couch zu
zerkratzen, gehört ebenfalls zu ihren Hobbys.

Sie hat eine Leidenschaft für Katzenstangen, man-
che würden es sogar Sucht nennen.

Wenn sie keine Videos für TikTok macht, arbeitet
sie an ihren Plänen die Welt zu beherrschen oder einen Fressnapf auszurauben.

Nachdem ihr jetzt ein paar offizielle Informationen über jedes Sunrise Girl erfahren habt, habe ich mit jeder Einzelnen noch ein Interview zusammengestellt aus Fragen, die uns über TikTok erreicht haben und durch die ihr mehr Privates über sie erfahrt.

<u>Sunrise Girl A:</u>
<u>Lina</u>

Name: *Lina-Sophie*

Alter: *13*

Größe: *1,75* m

Sternzeichen: *Zwilling*

Augenfarbe: *Blau-Grün*

Was ist Dein aktueller Lieblingssong: *FE!N von Travis Scott und Playboi Carti*

Was ist Deine Lieblings-Make up Brand: *Essence*

Was ist Dein Lieblings-Klamottenladen: *New Yorker*

Was ist Dein Lieblingsteil im Kleiderschrank: *Lange schwarze Strickjacke und VFL Bochum-Trikot*

Ein Geheimnis über Dich: *Dass ich eine große Familie habe*

Wer ist Dein Lieblings TikToker: *naimadasilva*

Was ist Dein Lieblingsschulfach: *Wahlplichtfach Musik*

Was ist Deine Lieblingsfarbe: *Blau*

Was für ein Handy hast Du? *Samsung*

Was ist Dein Lieblingstier: *Hund*

Was ist Dein Lieblingsessen: *Döner*

Was ist Dein Lieblingsgetränk: *Wasser*

Was ist Deine beste Charaktereigenschaft: *Hilfsbereitschaft*

Was ist Deine schlechteste Charaktereigenschaft: *Unordentlichkeit*

Was willst du später beruflich machen: *Erzieherin im Bereich Jugendhilfe*

Sunrise Girl B:
Nele

Name: *Nele*

Alter: *13*

Größe: *1.56 m*

Sternzeichen: *Stier*

Augenfarbe: *Braun*

Was ist Dein aktueller Lieblingssong: *Made 4 love*

Was ist Dein Lieblingsfilm: *Sonne und Beton*

Was ist Deine Lieblings-Make up Brand: *Charlotte Tilbury*

Was ist Dein Lieblings-Klamottenladen: *Bershka*

Was ist Dein Lieblingsteil im Kleiderschrank: *Hello Kitty-Hose*

Ein Geheimnis über Dich: *Vor normalen Freunden bin ich ordentlich, vor besten Freunden der größte Messi*

Wer ist Dein Lieblings TikToker: *El Deno*

Was ist Dein Lieblingsschulfach: *Sport*

Was ist Deine Lieblingsfarbe: *Rosa/Baby blau*

Was für ein Handy hast Du? *iPhone 11*

Was ist Dein Lieblingstier: *Hund*

Was ist Dein Lieblingsessen: *Buldak Nudeln*

Was ist Dein Lieblingsgetränk: *Wasser*

Was ist Deine beste Charaktereigenschaft: *Ich bin gut darin Menschen zuzuhören*

Was ist Deine schlechteste Charaktereigenschaft: *Ich bin ungeduldig und zickig*

Was willst du später beruflich machen: *Anwältin*

<u>Sunrise Girl C:</u>
<u>Maria</u>

Name: *Maria*

Alter: *13*

Größe: *1.70 m*

Sternzeichen: *Steinbock*

Augenfarbe: *Blau*

Was ist Dein aktueller Lieblingssong: *Tausend Sterne für Herne, Lilien*

Was ist Dein Lieblingsfilm: *Avatar*

Was ist Deine Lieblings-Make up Brand: *Essence*

Was ist Dein Lieblings-Klamottenladen: *New Yorker*

Was ist Dein Lieblingsteil im Kleiderschrank: *Hosen*

Ein Geheimnis über Dich: *Ich habe kein Geheimnis*

Wer ist Dein Lieblings TikToker: *Sunrise Girls*

Was ist Dein Lieblingsschulfach: *Praktische Philosophie*

Was ist Deine Lieblingsfarbe: *Blau*

Was für ein Handy hast Du? *Redmi A3*

Was ist Dein Lieblingstier: *Katze*

Was ist Dein Lieblingsessen: *Russische Küche, McDonalds*

Was ist Dein Lieblingsgetränk: *Cola*

Was ist Deine beste Charaktereigenschaft: *Kreativ, lernbereit, hilfsbereit*

Was ist Deine schlechteste Charaktereigenschaft: *Ich bin ungeduldig*

Was willst du später beruflich machen: *Flugbegleiterin, Friseurin*

<u>Sunrise Girl D:</u>
<u>Melisa</u>

Name: *Melisa*

Alter: *13*

Größe: *1,61 m*

Sternzeichen: *Widder*

Augenfarbe: *Dunkelbraun*

Was ist Dein aktueller Lieblingssong: *Out of the Dark von Falco*

Was ist Dein Lieblingsfilm: *Die Rettung der uns bekannten Welt*

Was ist Deine Lieblings-Make up Brand: *Catrice*

Was ist Dein Lieblings-Klamottenladen: *Pull & Bear*

Was ist Dein Lieblingsteil im Kleiderschrank: *meine Baggy Jeans*

Ein Geheimnis über Dich: *Ich kann mich nicht von Sachen trennen*

Wer ist Dein Lieblings TikToker: *kalogeras sisters*

Was ist Dein Lieblingsschulfach: *Latein*

Was ist Deine Lieblingsfarbe: *Weinrot*

Was für ein Handy hast Du? *iPhone 15*

Was ist Dein Lieblingstier: *Schwan*

Was ist Dein Lieblingsessen: *polnische Pierogi*

Was ist Dein Lieblingsgetränk: *Cola*

Was ist Deine beste Charaktereigenschaft: *Verlässlichkeit, Ehrlichkeit*

Was ist Deine schlechteste Charaktereigenschaft: *Ich mache mir oft zu viele Gedanken*

Was willst du später beruflich machen: *Schauspielerin*

<u>Sunrise Girl E:</u>
<u>Sarah</u>

Name: *Sarah*

Alter: *20*

Größe: *1,59 m*

Sternzeichen: *Skorpion*

Augenfarbe: *Braun*

Was ist Dein aktueller Lieblingssong: *Joint me in Death - Him*

Was ist Dein Lieblingsfilm: *Suicide Squad*

Was ist Deine Lieblings-Make up Brand: *Essence*

Was ist Dein Lieblings-Klamottenladen: *New Yorker*

Was ist Dein Lieblingsteil im Kleiderschrank: *Schwarzer Hoodie*

Ein Geheimnis über Dich: *Ich gucke immer dieselben Serien*

Wer ist Dein Lieblings TikToker: *kreischhuhn_karma*

Was ist Dein Lieblingsschulfach: *Sport*

Was ist Deine Lieblingsfarbe: *Schwarz, Rot, Blau, Weiß*

Was für ein Handy hast Du? *Galaxy A54*

Was ist Dein Lieblingstier: *Wellensittich und Hase*

Was ist Dein Lieblingsessen: *Enchiladas*

Was ist Dein Lieblingsgetränk: *Eistee Zitrone*

Was ist Deine beste Charaktereigenschaft: *Ich bin fürsorglich* und hilfsbereit

Was ist Deine schlechteste Charaktereigenschaft: *Ich bin
schnell genervt*

Was willst du später beruflich machen: *Weiter im Einzelhandel
arbeiten*

Sunrise Girl F:
Beverly

Name: *Beverly*

Alter: *14 Jahre*

Größe: *1.69 m*

Sternzeichen: *Steinbock*

Augenfarbe: *Blau*

Was ist Dein Lieblinssong: *Nuts*

Was ist Dein Lieblingsfilm: *Sonne & Beton*

Was ist Deine Lieblings-Make up Brand: *Charlotte Tilbury*

Was ist Dein Lieblings-Klamottenladen: *Urban-Outfitters*

Was ist Dein Lieblingsteil im Kleiderschrank: *Mein Schlafanzug*

Ein Geheimnis über Dich: *Ich bin der unordentlichste Mensch, den es gibt.*

Wer ist Dein Lieblings TikToker: *el deno, Mona.mxe, kimisinamoodlive*

Was ist Dein Lieblingsschulfach: *Religion*

Was ist Deine Lieblingsfarbe: *Blau*

Was für ein Handy hast Du?: *iPhone 15pro*

Was ist Dein Lieblingstier: *Delfine, Hunde*

Was ist Dein Lieblingsessen: *Buldak Nudeln*

Was ist Dein Lieblingsgetränk: *Wasser*

Was ist Deine beste Charaktereigenschaft: *Loyal, immer für einen da, lustig*

Was ist Deine schlechteste Charaktereigenschaft: *Ich nehme mir immer alles zu Herzen*

Was willst du später beruflich machen: *Anwältin, Erzieherin*

Sunrise Girl K:
Katze

Name: *Bunny, die Katze*

Alter: *13*

Größe: *0.40 m*

Sternzeichen: *Löwe*

Augenfarbe: *Gelbgold*

Was ist Dein aktueller Lieblingssong: *Tausend Sterne für Herne*

Was ist Dein Lieblingsfilm: *Aristocats*

Was ist Deine Lieblings-Make up Brand: *Fellpflege*

Was ist Dein Lieblings-Klamottenladen: *Fressnapf*

Was ist Dein Lieblingsteil im Kleiderschrank: *Kuscheldecke*

Ein Geheimnis über Dich: *Ich mache öfter neben das Katzenklo*

Wer ist Dein Lieblings TikToker: *Sunrise Girls*

Was ist Dein Lieblingsschulfach: *Katzenkunde*

Was ist Deine Lieblingsfarbe: *Blau*

Was für ein Handy hast Du? *Kazuwei 14*

Was ist Dein Lieblingstier: *Natürlich Katze*

Was ist Dein Lieblingsessen: *Katzenstangen und alles von Whiskas*

Was ist Dein Lieblingsgetränk: *Milch*

Was ist Deine beste Charaktereigenschaft: *Ich kuschle für mein Leben gern*

Was ist Deine schlechteste Charaktereigenschaft: *Ich kuschle für mein Leben gern*

Was willst du später beruflich machen: *Herrscher über die ganze Welt*

Die Lieblings Make-up Produkte der Sunrise-Girls

Lina:

1. I Love Extrem Mascara Crazy Volume von Essence
2. Sensitive Concealer Farbe 10 Light von Essence
3. 8H Matte Comfort Lipliner Farbe 01 Cinnamon Spice von Essence
4. Marshmallow Powder von Rival loves me
5. Bronzerstick Farbe 03 Brownie von Rival loves me

Nele:

1. Blush Rare Beauty
2. Powder Huda Beauty
3. I Love Extreme Mascara von Essence
4. Lipliner von Manhattan
5. Fit me Concealer

Maria:

1. Concealer von Rival loves me
2. Wimperntusche in lila von Essence
3. Wimpernzange von Ebelin
4. Lipliner von Rival loves me
5. Blush von Essence

Melisa:

1. Skin loving sensitive Farbe 05 Concealer von Essence
2. Essential Bouncy Highlighter von Rival loves me
3. Mighty Volume brown Mascara von Rival loves me
4. Soft & presice Farbe 207 Lipliner von Essence
5. Lippenpflege Cherry von Isana

Sarah:

1. Mattifying Compact Powder von Essence
2. The Rose Edition Lidschattenpalette von Essence

3. I love xtreme Mascara von Essence

4. Camouflage Concealer von Essence

5. Cherry Lippenpflege von Isana

Beverly:

1. The Multitasker Concealer von Manhattan

2. Blush Farbe Rosewood von Dior

3. Baking Powder Huda Beauty

4. I Love extreme Crazy Volume Mascara von Essence

5. Lipgloss Farbe Pink, Mango, Lila von Kiko

Funfacts

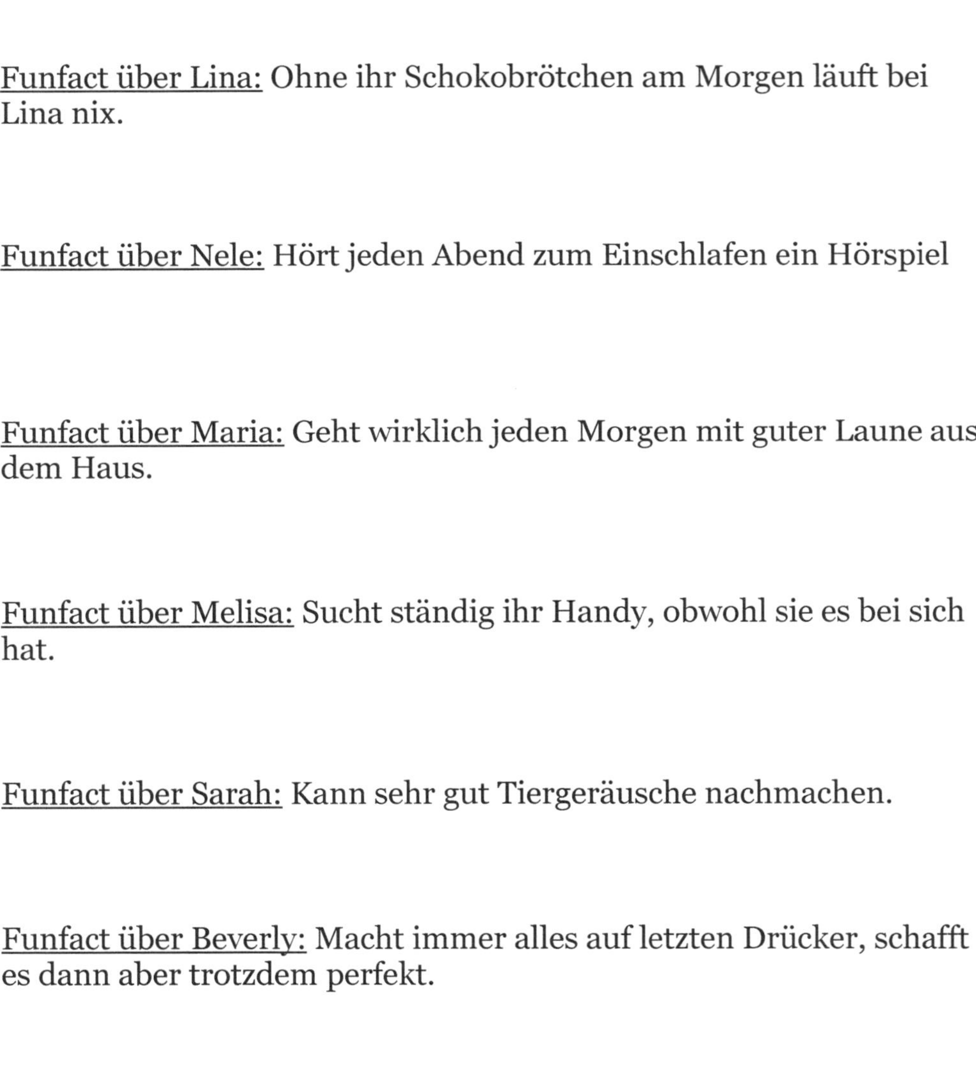

<u>Funfact über Lina:</u> Ohne ihr Schokobrötchen am Morgen läuft bei Lina nix.

<u>Funfact über Nele:</u> Hört jeden Abend zum Einschlafen ein Hörspiel

<u>Funfact über Maria:</u> Geht wirklich jeden Morgen mit guter Laune aus dem Haus.

<u>Funfact über Melisa:</u> Sucht ständig ihr Handy, obwohl sie es bei sich hat.

<u>Funfact über Sarah:</u> Kann sehr gut Tiergeräusche nachmachen.

<u>Funfact über Beverly:</u> Macht immer alles auf letzten Drücker, schafft es dann aber trotzdem perfekt.

Die Songs von Sunny Sunshine

So ist der erste eigene Song der Sunrise-Girls/Sunny Sunshine entstanden:

Zeitgleich mit dem Beginn ihrer Videoveröffentlichungen startete der Verein das Projekt *1000 Sterne für Herne*. Dabei geht es darum, dass tausend gute Taten getan werden sollen, und die Menschen dafür dann goldene Sterne verliehen bekommen. Als Mädchenband Sunny Sunshine, haben die sechs Mädchen zu diesem Projekt spontan einen passenden Song geschrieben und ihn zunächst bei Youtube veröffentlicht. Auch da wurden sie vom Erfolg wirklich überrascht, denn dieser erste selbst geschriebene Song von ihnen hat bei Youtube mittlerweile 100.000 Aufrufe.

Es gab zahlreiche Berichte über sie in der Zeitung, im Radio und auf verschiedenen Internetplattformen. Sogar der Oberbürgermeister unserer Stadt hatte sie zu sich ins Rathaus eingeladen, wo sie ihren Song singen durften.

Seit Anfang September 2024, sind sie nun auch bei Spotify, Apple-Music, Amazon Music und Co. vertreten, und auch dort verlief der Start sehr erfolgreich.

Im Oktober 2024, erschien dann ein weiterer Song mit dem Titel „Irgendwann hat jeder Glück", und auch dieser ist bei Spotify und Co zu finden. Beide Songs laufen sehr erfolgreich und wurden, Stand November 2024, insgesamt rund 30.000 Mal gestreamt. Nach einem Weihnachtssong mit dem Titel Longing for a sign, sind für das Jahr 2025, noch mindestens drei weitere Songs geplant.

Hier findet ihr nun alle drei Songs als Lyrics zum Mitsingen. :-)

1000 Sterne für Herne
Lyrics

Uns liegt richtig viel daran, jeder tut
das, was er kann
Und gemeinsam schafft man viel, ver-
folgt man erstmal ein Ziel
Schon sehr viele machen mit, zusammen
Schritt für Schritt
Und geschafft habe wir viel, die Zahl
1000 ist das Ziel

Gute Taten tut man gerne, und das vom
Mond bis zur Erde
Zusammen sind wir stark, egal ob fern ob
nah
1000 Sterne für Herne

Im Mittelpunkt steht Mensch und Tier,
wir wollen helfen jetzt und hier

Wanne-Eickel ist dabei, denn auch hier
bringt man sich ein

Gute Taten tut man gerne, und das vom
Mond bis zur Erde
Zusammen sind wir stark, egal ob fern ob
nah
1000 Sterne für Herne

Irgendwann hat jeder Glück

Lyrics

Menschen sind nicht alle gleich
Freunde haben nicht immer Zeit
Der Weg ist manchmal steinig, das Leben
ist oft schwer
Du schaffst es nicht, bemühst Du Dich
auch sehr

Niemand sieht, wie es Dir eigentlich
geht
Du fragst Dich manchmal, wohin führt
Dein Weg
Du sitzt in Deinem Zimmer, und denkst
mal wieder nach
und überlegst, ob das schon alles war

Glaub an Dich, geh Deinen Weg
Denn es ist noch nicht zu spät
Noch kannst Du entscheiden, was Du
machst,
guck nach vorn, blick nicht zurück
Irgendwann hat jeder Glück
Du schaffst es daraus, Stück für Stück

Wenn Du denkst, dass es nicht weiter
geht
Und Du Dich fragst, wozu Du eigentlich
lebst
Ist jedes Ziel zu weit entfernt, sind
alle Ampeln rot

Kaum Hoffnung, auf ein Rettungsbot

Glaub an Dich, geh Deinen Weg …

Longing for a sign
Lyrics

We`re walking, in wintertime
it`s realy dark and cold outside
Snow ist fallin` from the sky
Tonight`s the holy night

So let us go inside, our house so fine
candlelight is shining bright
so much love tonight, in our minds
The holy ghost will be alive

Longig for a sign, now it`s christmas
time
we celebrate the holy night to live
another kind of life
Longig for a sign, now it`s christmas
time
I see the magic in your eyes, you`re my
only paradise
Longing for a sign

The streets are, full of shining lights
the frozen windows are snow withe
Jesus Christ was born tonight
It´s our holy time

Longig for a sign, now it`s christmas
time
we celebrate the holy night to live
another kind of life
Longig for a sign, now it`s christmas
time ...

Private Schnappschüsse der Sunrise-Girls

Lina:

WANTED
WANTED
BELLATRIX
LESTRANGE
BELLATRIX
LESTRANGE
DEATH EATERS
ARE AMONG

Nele:

Maria:

Melisa:

Beverly:

Gruppenfotos:

Fantreffen

Seit die Sunrise-Girls in den sozialen Medien bekannter geworden sind, gab es immer wieder Nachfragen nach Fantreffen.

Am Anfang haben die Mädchen dies abgelehnt, weil es ihnen komisch vorkam, schließlich sind sie ja keine Berühmtheiten. Irgendwann gaben sie aber in einem Video bekannt, dass sie nach Soest fahren würden, und bei diesem „inoffiziellen" Fantreffen erschienen auf einmal ungefähr siebzig Mädchen im Alter von ca. 15-20 Jahren.

Danach veranstalteten die Sunrise-Girls auf der Cranger Kirmes in Herne ihr erstes offizielles Fantreffen bei dem erneut ungefähr 70-80 Leute kamen.

Das zweite Treffen fand in Essen statt, wo die Personenanzahl auf 120 wuchs.

Vor Kurzem war dann das dritte Fantreffen in Hannover,

zusammen mit der befreundeten Band Bunch of Ace und sage und schreibe 200 Leute waren da, sodass der gesamte Platz voll war.

Fürs nächste Jahr sind weitere Fantreffen in verschiedenen Städten geplant, unter anderem in Köln und Hamburg. Aufgrund der vielen Fans, denkt der Verein sogar darüber nach, die Treffen demnächst bei der jeweiligen Stadt anzu-melden und Ordner oder Security mitzunehmen. Bei jedem der Fantreffen werden übrigens Autogramme geschrieben, Selfies gemacht und Autogrammkarten und Fan Merch wie T-Shirts der Mädchen verschenkt.

Befreundete Band
Bunch of Ace

Wir ihr bestimmt alle auf TikTok mitbekommen habt, sind
die Sunrise Girls mit der Mädchenband Bunch of Ace be-
freundet und möchten ihnen daher auch gern eine Seite in
ihrem Buch widmen.

Die Band besteht aus den Zwillingen Alandra und Alessja. Sie sind fünfzehn Jahre alt, jammen für ihr Leben gern und schreiben ihre eigenen Songs.

Alessja singt und spielt Schlagzeug. Neben ihrer Leidenschaft dafür, spielt sie auch Klavier und geht gern reiten.

Alandra singt und spielt Gitarre. In ihrer Freizeit trifft man sie meist im Musikraum an.

Zu den Einflüssen der Beiden gehören Rock, Blues, Pop und Soul der 70er und 80er Jahre. Dennoch sind sie offen für weitere Genres.
Ihren ersten Song haben sie mit dreizehn geschrieben. Als Bunch of Ace sind sie zum ersten Mal mit vierzehn aufgetreten.

Die Sunrise Kids haben sie über TikTok kennengelernt und daraus ist eine tolle Freundschaft entstanden.

Aktivitäten in den sozialen Netzwerken

Aktuelle Anzahl unserer Follower
<u>TikTok:</u> 61.462 Follower
<u>Instagram:</u> 5.358 Follower
<u>Youtube:</u> 1.130 Abonnenten
<u>Spotify:</u> 40.231 Streams insgesamt
(Stand: 15.11.2024)

Sunrise-Ruhr e.V

Auf TikTok fragt ihr immer wieder nach, woher die Sunrise-Girls sich kennen.
Sie haben sich alle in dem Verein Sunrise-Ruhr e.V. in Herne kennengelernt.

Dieser Verein wurde bereits im Mai 2012 gegründet und zu diesem Zeitpunkt ist auch die Gruppe der Sunrise-Kids entstanden. Aktuell sind fünfunddreißig Kinder und Jugendliche zwischen sechs und siebzehn Jahren dort angemeldet. Diese nehmen regelmäßig an verschiedenen Aktionen und Projekten teil.

An bis zu fünf Tagen pro Woche, in der Regel dienstags bis samstags, finden außerhalb der Ferien, Projekt-Nachmittage statt. Dort werden die Kinder und Jugendlichen in einzelne Projektuntergruppen eingeteilt, in denen sie sich dann unter Beaufsichtigung von erwachsenen Betreuungspersonen, aktiv beteiligen und einbringen sollen.
Es gibt zahlreiche Projekte, in den Bereichen Kreativ, Foto und Video, Heimaterkundung, Musik, Sport, Zirkus, Ernährung, Natur, Selbstverteidigung und Exprimente. Jedes Projekt läuft über ein bis maximal sechs Projekttage. Größere und aufwendigere Projekte, können sich auch über Wochen und Monate erstrecken.

Und zwei dieser Projekte waren die Gründung unserer Mädchenband Sunny Sunshine und die Gründung einer TikTok Gruppe.

<u>Fan-Merch</u>

Seit Kurzem gibt es auch Fan Merch von den Sunrise-Girls.

In den Videos bei TikTok könnt ihr die T-Shirts und Leggins sehen.

Unter:

kontakt@sunrise-ruhr.de

könnt ihr diese gern bestellen.

Weitere Fanartikel sind fürs nächste Jahr geplant. Ihr könnt uns gern anschreiben, was ihr euch für Dinge wünscht.